AF498907

SUR

LES EMPRUNTS.

DE L'IMPRIMERIE DE A. BOBÉE.

A PARIS,

Chez DUPONCET, Libraire, quai de la Grève, n°. 20;
DELAUNAY, PELICIER, FAVRE, Libraires au Palais-Royal.

AVRIL 1818.

AVERTISSEMENT.

J'ai cru ces réflexions utiles : craignant d'ajouter à la foule des brochures, je ne voulais que les jeter dans les colonnes de quelque journal, mais j'en ai lu un, lequel passe pour accrédité, où Law et Turgot, l'abbé Terray et M. Necker sont accouplés ensemble, je me suis découragé. Il faut laisser le champ libre à des annalistes de cette force, et ne pas s'exposer à se voir rangé à côté d'eux.

Ministres honorables, protégez donc ces dispensateurs de la gloire, si justes, si éclairés! Prenez garde pourtant; aujourd'hui, sans en être priés, ils loueront tous vos *plans*; l'abonnement fini, vous n'aurez eu peut-être que des *systèmes*.

SUR
LES EMPRUNTS.

EMPRUNTS ! Ressource d'enfans prodigues ! bel et abondant sujet de déclamations ! des dettes perpétuelles, nos neveux condamnés à des charges qu'ils n'auront pas consenties, le capital confondu et dépensé avec le revenu, l'Etat se soumettant à des intérêts usuraires, 100 donnés pour 55, pour 55 ce que le gouvernement impérial et la chambre de 1815 avaient bien su faire accepter pour 100 aux créanciers, et du moins ce que les capitalistes à la Bourse recherchent pour 66, des banquiers et des banquiers étrangers favorisés outre mesure : voilà ce qu'on peut dire, ce qu'on dit ; il est bien facile d'y ajouter que quiconque nous prête est un agioteur ; que quiconque dit à la tribune des vérités sévères, est un joueur à la baisse, qu'il déprécie pour mieux acheter.

Les lieux communs ne manquent pas pour répondre. Afin de n'y pas tomber, je ne m'arrête ici, ni sur la nécessité d'emprunter trop démontrée, ni quant à présent, sur l'étroite obligation de n'emprunter qu'à concurrence du besoin le plus urgent et dans l'impossibilité d'y pourvoir d'autre manière. Si l'on s'est astreint à cette règle, c'est de l'entière discussion du budjet que cela doit résulter.

Le mode de l'emprunt est ce qui m'occupe, et il me semble qu'il y a d'abord quelques idées à fixer.

Les mots de prêt et d'emprunt réveillent, chez le particulier, le souvenir d'un secours d'une part, de l'autre, d'un placement hypothéqué sur un immeuble ou confié sur un billet, et de la loi intervenant pour essayer de défendre la faiblesse du débiteur contre la tyrannie du créancier, en limitant le taux de l'intérêt.

Le commerçant voit quelque chose de plus; le prêt implique pour lui des sûretés et quelquefois des nantissemens, des titres exécutoires, la contrainte par corps, et un intérêt, légal aussi, mais plus élevé que dans les transactions civiles, tant il est vrai que l'intérêt est nécessairement variable, ou du moins gradué différemment suivant les emplois et les diverses relations des parties contractantes.

Le gouvernement et les hommes d'état sont obligés de prendre d'autres données. Ils ne sauraient compter sur des secours officieux; et, dans un temps où le propriétaire a tant de peine à trouver des sommes modiques au taux légal sur l'hypothèque de ses héritages, l'Etat qui n'a rien de semblable à affecter, aucun gage susceptible d'expropriation judiciaire à offrir, ne peut prétendre d'emprunter les sommes immenses qu'il lui faut, au prix et de la même manière que les particuliers; le taux légal n'est pas un point de comparaison pour le trésor.

Il ne peut pas davantage emprunter aux conditions des négocians et au taux de l'intérêt que la loi admet pour eux; car il n'a aucune des garanties commerciales à présenter, surtout il ne saurait fixer, pour s'acquitter des millions par centaines qu'il est réduit à chercher, les termes courts et certains sur lesquels la circulation du commerce se fonde. En effet, ce n'est qu'à raison de ce rapprochement et de cette fixité des échéances, que le négociant en prêtant, peut se contenter d'un intérêt inférieur au cours moyen du bénéfice de ses spéculations : sa profession n'est pas de prêter simplement; il ne le fait que dans l'intervalle des autres emplois et pour ne pas laisser oisifs ses fonds libres.

Le trésor ne peut donc faire des *emprunts* au taux du commerce, c'est assez qu'il jouisse du même crédit et des mêmes escomptes que les maisons de banque les plus renommées, quand il *négocie* son papier à termes, c'est-à-dire les effets à ordre qu'il fournit sur ses débiteurs, obligé qu'il est d'employer ce moyen de faire coïncider pour le temps et pour les lieux, les rentrées et les besoins. Ce crédit maintenant assuré est honorable, parce que, celui de tout papier de commerce dépendant non-seulement de la solvabilité, mais de la certitude de la rentrée à jour fixe, si les papiers du trésor sont recherchés, c'est que l'opinion répute leur acquit aussi exactement assuré que celui de toute lettre de change. Mais si l'on voulait se servir pour emprunter un capital, de ce crédit de place si utile pour recouvrer les revenus, les conditions en seraient immédiatement altérées; on se plaint aujourd'hui des frais de négociations; on se plaint de l'abus qui pourrait se faire de ces opérations; que serait-ce si tous les besoins du trésor devaient être couverts par une circulation forcée des engagemens de la dette flottante !

Quelle est donc la ressource de l'Etat? Il *vend* plutôt qu'il n'emprunte. Il *fabrique* des rentes, ou des annuités, ou d'autres titres semblables, qui, une fois sortis de ses mains, entrent dans le commerce, s'y revendent, circulent, et sont une propriété mobiliaire d'un prix variable, sujette à toutes les conditions du marché, comme les autres marchandises.

Tant que les négocians seuls peuvent acheter ou procurer des acheteurs, il est évident que le prix des rentes doit être réglé sur le taux moyen des bénéfices de commerce et non sur celui des prêts entre particuliers, car aucun commerçant n'en acquerrait s'il trouvait à employer son argent dans des spéculations plus lucratives; quand de simples capitalistes peuvent et veulent concourir à ces placemens, comme ils doivent être disposés à le faire à un taux peu supérieur à celui de leurs prêts ordinaires, l'intérêt se modifie; c'est-à-dire que le prix vénal de la rente augmente; mais pour cela, il faut l'aisance et la confiance, deux conditions qui ne se remplissent que peu à peu. Aujourd'hui, un intérêt de sept et demi pour cent (la rente à soixante-six deux tiers) ne suffirait pas même pour fixer beaucoup de fonds dans ce genre d'emploi; c'est la chance de l'augmentation de la valeur du capital, par le mouvement de la Bourse et par la perspective de l'amortissement, qui détermine les spéculateurs et même les capitalistes.

Si l'on se souvient combien l'aisance et la confiance, ces conditions requises, étaient loin d'être complètes, quand la France a commencé ses emprunts, on sentira que les progrès qu'a faits le cours de la rente, doivent être un sujet d'éloges, non de reproches et de regret. Si des opérations discrétement conduites ont bonifié le prix vénal, il est absurde de compter l'avantage qui en est revenu à ceux qui avaient traité, comme une concession que le trésor n'eût pas dû leur faire. En calculant les événemens d'une spéculation, le succès, quand il arrive, n'est qu'un des cas prévus, dont la possibilité avait été compensée dans les conditions de l'affaire.

L'Etat a donc emprunté le moins mal que les circonstances l'ont permis, et le secours indispensable qu'il a reçu lui a coûté un intérêt de neuf pour cent; c'est fort cher; cependant ce que les spéculateurs ont gagné de plus à la revente, non seulement ne grève pas le trésor, mais le favorise et tourne au profit public; car les premiers prêteurs n'ont eu du bénéfice qu'en élevant le prix de la rente, à quoi tout le monde gagne avec eux.

Ce bénéfice a été assez inégal sur les trois affaires qui ont eu lieu : on a représenté le profit de la dernière comme énorme, par un mal entendu assez singulier. Les acheteurs ayant revendu de très-bonne heure, et au moment où ils déboursaient la première fraction du prix, il sera vrai que le peu d'argent qu'ils ont avancé, comparé avec le résultat de toute l'affaire, présente une proportion fort élevée. On pourrait même dire aussi justement que leur profit a été absolument gratuit; car il paraît que leurs faibles avances ont été prises sur la rentrée des bénéfices des affaires précédentes et sans débourser de nouvel argent. Mais qu'importe que les deniers venus au trésor aient été ceux des acheteurs de première ou de seconde main. Il faut mesurer le bénéfice sur les engagemens contractés par les premiers, et non pas, abstraction faite des versemens faits à leur décharge par les transférés, sur les simples à comptes par eux fournis avant d'avoir revendu (1). Le fait est que la

(1) Dans la *Minerve*, un écrivain dont la politique est spirituelle, mais qui parle légèrement des matières économiques, accueille la fable d'un profit de 45 pour cent, avec une distraction qui lui en fait pousser le calcul à l'absurde. Au lieu de se douter que ce profit ne serait apparemment que sur la somme avancée, il s'applique à toute l'affaire; et son *imagination s'effraie* de le trouver égal à 130 millions. Son imagination n'a pas tort, mais sa raison aurait dû lui faire apercevoir qu'en ajoutant et le bénéfice des banquiers et celui que leurs acheteurs ont fait ou pourraient faire jusqu'à ce jour, 30 millions de rentes, achetées à 55, eussent-elles été *toutes* revendues à 66, n'auraient pu donner plus de 66 millions de profit, que par conséquent on l'induisait évidemment en erreur.

troisième opération, payée beaucoup plus cher que les deux premières, et moins bien réalisée, a laissé moins de profit, dès-lors moins d'émulation ; non seulement elle a retenu la hausse progressive, mais quelques francs de baisse en ont été la conséquence ; ainsi loin d'envier les bénéfices, c'est de ce que les spéculateurs n'ont pas assez gagné qu'on doit se plaindre et qu'il résulte dommage.

Mais, dit-on, le trésor s'est prêté à faire remonter la jouissance des rentes aliénées, un sémestre plus haut que l'époque commune où il renvoit le prix ! Il a gratifié d'un droit de commission, des spéculateurs qui traitaient à forfait pour leur propre compte et nullement en qualité de commissionnaires !

Qu'importe sous quelle forme s'est réglé et divisé en apparence le prix convenu ? il eut été plus considérable, si la condition principale du traité avait été dépouillée de ces accessoires. A Londres, il arrive souvent qu'on stipule les emprunts sur la base fixe d'une inscription d'une somme déterminée, mais en y joignant au profit des prêteurs, ou des primes en forme de loterie, ou des *annuités* détachées ; serait-on bien venu à dire que ce sont-là des faveurs gratuites et de surérogation ? De même il est d'usage invariable en Angleterre, à quelque époque que se traitent les emprunts, que les arrérages des rentes concédées remontent au commencement de l'année courante ; ce qui souvent anticipe d'un sémestre sur le débours. Des capitalistes étrangers accoutumés à ces avantages, en venant traiter avec nous, ont pu les proposer. Ils ont pu avoir à se réserver un droit de *commission*, parce qu'en effet on ne conclut pas une affaire aussi considérable, sans être mandataires autant que principaux co-intéressés d'une aggrégation nombreuse de croupiers. Le trésor, indifférent à cette répartition des avantages qu'il étoit disposé à accorder, gagnait peut-être, à ce qu'elle présentait au public un prix ostensible plus élevé que le prix réel et moins éloigné du cours journalier.

Car il est vrai qu'on n'a pas traité les emprunts sur le pied du cours de la Bourse ; on a vendu réellement à 50 quand le bulletin des agens de change portait 53 ou 54. Il est encore vrai que l'on n'a perçu que ce prix de ce qui s'est vendu bien plus haut quelque temps après ; mais il serait inconsidéré de se plaindre de l'une et l'autre circonstance ; le marchand qui a besoin de faire argent d'une grande quantité de sa denrée, ne peut se flatter d'atteindre en un seul coup toute l'augmentation dont les ventes successives seront susceptibles. Il faut surtout qu'il *baisse la main*, quand il s'agit d'une marchandise qui a été fort rebutée; quand les manufactures étrangères offrent la leur avec une extrême abondance, et qu'il importe de vendre aux spéculateurs extérieurs dans le découragement ou l'impuissance des acheteurs du dedans ; marchandise qu'aucun réglement de douane ne saurait favoriser; pour laquelle il faut subir la concurrence de son mieux, et tenter l'exportation à force de primes. Obligés par les circonstances les plus contraires et les plus urgentes, d'ouvrir le marché à 50, il serait puéril de regretter ce qu'on a fait, quand on voit le cours monté à 66. Car quand même ont eût pu atteindre ce haut prix, il ne serait point venu. Il s'est élevé, parce que le profit qu'on a vu faire sur le premier achat a donné de l'émulation et procuré de la demande; c'est pour avoir accepté le prix de 50, qu'on a pu vendre immédiatement après à 53, bientôt après exiger 59, soutenir dans les mêmes temps la bourse à 55, à 58, à 64, et maintenant à 66. Rien de tout cela ne serait arrivé si l'on n'eût agrandi le marché en attirant tout-à-coup les concurrens par un sacrifice considérable sur une partie de ce qu'on voulait débiter. Sans cela, on n'eût pu réaliser de quoi pourvoir aux besoins, et encore on eût fait baisser le cours en essayant d'opérer au jour le jour. Tout le monde sait que le marchand en gros ne peut prétendre à vendre au prix du marchand en détail; cette considération mercantile et vulgaire répond à ceux qui imaginent peut-être que nous aurions un crédit assez courant pour réaliser journellement à la Bourse et seulement à mesure de besoin, sans recourir à ces gros spéculateurs dont on enviera éternellement les bénéfices. Mais encore une fois ce ne sont que leurs bénéfices qui font la hausse; ce sont leurs ménagemens obligés à la vente qui la soutiennent. Les émissions journalières porteraient bien vîte l'idée de la surabondance de la rente dans l'esprit d'acheteurs aussi faciles à se décourager à l'envi, qu'à renchérir l'un sur l'autre; ce qui doit frapper surtout, c'est qu'on ne saurait abandonner au hasard de chaque bourse et le service public, et l'urgence de ces engagemens à jour chaque matin et qui n'admettent pas de remise ; c'est par masse qu'on a dû assurer les fonds (1) ; ce qu'on a su faire de mieux dans cette circonstance, c'est de se mettre en état de profiter des améliorations que l'ordre et l'exactitude du trésor permettaient d'espérer. Delà, ces trois opérations successives ; on dit qu'il aurait fallu appeler la concurrence : le ministre l'a fait par cette mesure, en se donnant le temps de recevoir et d'exiger des offres plus avantageuses pour une grande partie de l'emprunt ; on eut voulu une enchère plus solennelle, et l'on nous cite le modèle de l'Angleterre ; mais les emprunts y sont presque annuels dès longtemps ; la

(1) Un orateur a dit à la Chambre des députés, que la France n'avait pu emprunter que sous la caution de deux banquiers étrangers ; je ne sais ce qu'il faut entendre par là ; ces banquiers ont garanti *au trésor* l'argent dont il avait besoin, c'est-à-dire qu'ils ont acheté les rentes pour les revendre ou pour en disposer en se soumettant à en payer le prix entier à certains termes ; mais je ne sache pas qu'ils aient eu à garantir la solvabilité de la France en revendant, surtout en cédant à des intéressés français une participation dans leur affaire. Ils ont donné la vogue à nos effets publics, mais j'ignorais qu'ils eussent été jusqu'à en répondre ; M. Laffitte a très-bien exprimé les avantages particuliers attachés à cette première intervention d'acheteurs étrangers : quand on nous dit que le sort de notre Bourse est entre leurs mains, c'est une figure de rhétorique à l'heure qu'il est ; au surplus voyez la fin de la note dernière.

marche est usitée, les compagnies sont formées et l'émulation toute établie. Il n'existait rien de pareil en France; et il ne fallait pas tenter un concours public sans être assuré d'y voir des concurrens. Qu'on se le rappelle ; chez nous les esprits n'ont pris cette direction que lorsqu'une plainte injuste, mais d'autant plus utile qu'elle fut plus vive, a réveillé le patriotisme et l'amour-propre des capitalistes français ; le crédit en a recueilli le fruit : le cours passablement favorable des rentes dans toute l'année est dû à ce mouvement inattendu, et le *Moniteur* se fâchait contre celui qui avait donné le branle à l'opinion publique !

Quelle marche suivra-t-on maintenant dans les emprunts ? la même, je l'espère, qu'on vient de tenir. Autrefois le contrôleur général les ouvrait en forme de souscription, au hasard de les voir traîner et d'avoir à les fermer sans qu'ils fussent remplis, quand le public ne voulait pas se contenter des bases imposées. En Angleterre, l'emprunt est adjugé en bloc à un seul enchérisseur. Le ministère français semble préférer une sorte de terme moyen. Il ne fait pas une vente publique, parce qu'il ne voit pas comme à Londres, un assez grand nombre de réunions organisées pour assurer l'enchère, et que jusques-là, la connivence des concurrens pourrait se rendre très-funeste. Il divise ses opérations, mais en grande masse pour qu'elles soient assurées. Au milieu de l'empressement des maisons estimables de la banque de Paris; en les voyant généralement disposées à joindre sans jalousie les ressources de leur patriotisme et de leur caisse ; leur concours, le désir et la possibilité d'intéresser plus de monde à la fois, le soin de concilier les capitalistes des provinces qui offrent leurs secours, l'assistance que les banquiers de toute l'Europe présentent encore, semblent écarter le recours à l'enchère exclusive, et assurer néanmoins tous les avantages de la concurrence avec des formes plus conciliantes et plus françaises. De quoi s'agit-il ? Si tout l'emprunt doit se donner à prix fixe, le choix des prêteurs ne fait rien à l'Etat, et sans priver personne d'un droit, l'on peut abandonner les prétendans à la justice et aux bons procédés du ministre ; s'il doit au contraire diviser l'opération et tirer parti des circonstances successives, il est impossible de lui rien prescrire et il faut, par force, s'en remettre à son arbitre et à sa responsabilité.

Une voix s'est élevée : je ne parle pas de celle qui s'est égayée en proposant de faire économie de la caisse d'amortissement. Mais un orateur fort éclairé voudrait que cette caisse fût le premier souscripteur de nos emprunts. Je crois que c'est méconnaître sa destination.

Nous avons remarqué que l'Etat, au lieu d'emprunter à temps, est obligé de fabriquer des inscriptions de rente et d'en faire commerce. A la différence des autres marchandises, tant que celle-ci existe, le manufacturier est tenu annuellement à une forte dépense. Le parti qui lui reste, c'est d'être en mesure de racheter le plutôt possible, par une telle combinaison, qu'en le libérant d'un fardeau, elle fasse tourner en profit la perte que lui causera le rachat. C'est l'effet de l'amortissement, pièce indispensable de ce grand système. Dans ce plan il ne s'agit pas tant de payer un moindre intérêt à perpétuité, chose au surplus dont ont n'est pas le maître, que de s'assurer de le payer moins long-temps. Ainsi plus d'une fois l'Angleterre, par cent qu'elle recevoit, n'a pas craint d'inscrire et de se soumettre à racheter deux cents et plus.

Si l'on n'avait emprunté qu'une fois, on verrait commencer la libération dès le premier rachat partiel. Mais quand on y recourt plusieurs fois de suite, grossir le second emprunt pour éteindre une petite portion du premier, c'est faire un virement et non se libérer; le plus souvent c'est aggraver sa dette. Il est positif qu'il n'y a pas extinction réelle, qu'autant vaudrait, sous un rapport, demander de moins au prêteur la somme qu'on se propose de lui rendre en forme de rachat, et qu'il y aurait un peu d'économie à le faire. Les meilleurs esprits en Angleterre ont mis au grand jour, ce que M. Say appelle si bien la jonglerie de l'amortissement; et le peuple anglais, chez qui l'entretien du fonds annuel pour le rachat de ses nombreux emprunts est devenu une forte partie du fardeau d'impôts qui l'accable; ce peuple est à même de sentir la déception de ce système vanté à plusieurs reprises; les ministres ont essayé de le limiter, c'est-à-dire, de détruire l'ouvrage de M. Pitt, ou de se soustraire aux règles qu'il a laissées. Qu'on se figure en effet, que de 1793 à 1814, trente-cinq emprunts ont été faits, et qu'il a fallu établir un fonds d'amortissement annuel d'un pour cent du capital nominal de chacun. A les supposer tous égaux, l'Angleterre au dernier, se trouve déjà grêvée par le seul amortissement, et en sus de tous les intérêts, de trente-cinq pour cent, sur une somme égale à celle qu'elle emprunte. Autant d'impôts ont été spécialement affectés à mesure pour ce service, et la nation n'en doit être soulagée qu'à l'extinction des emprunts supposée s'opérer en quarante-cinq ans.

Chez nous, une dette extraordinaire, imprévue, qui, grâce à Dieu, sera bientôt définie et circonscrite, nous a seule engagés à emprunter pendant un petit nombre d'années consécutives. En formant un fonds d'amortissement, nous n'avons donc pas à souffrir cette longue et pesante accumulation. Notre fonds appliqué à des sommes moins énormes, est supportable quoique établi dans une proportion supérieure pour agir avec plus de rapidité et nous libérer en moins d'années. Suivant le budjet du ministère, la dette inscrite va être de cent trente sept millions, y compris l'emprunt de cette année. Elle correspond à un capital nominal de 2,740,000,000 fr. pour lequel les Anglais, à raison d'un pour cent, mettraient à part 27,400,000 de fonds d'amortissement. (1) Le

(1) Ce calcul est d'après notre mode d'emprunt, et

nôtre est de 40 millions, non compris le produit des bois.

Si, au milieu de nos plus grands embarras, nous avons pu dès à présent, nous prescrire l'économie de cette somme, montrer par là notre ferme résolution de nous libérer, prendre non-seulement l'engagement, mais l'habitude d'y consacrer les plus liquides de nos ressourses; ne pas attendre la fin des emprunts pour en commencer le rachat, de peur d'oublier ou d'ajourner une promesse si sage, quand viendrait le temps de la remplir ; il me semble qu'on ne peut nier l'utilité morale et l'importance de la marche adoptée, encore qu'il y ait quelque perte pécuniaire à racheter en détail ce qu'on aliène en gros, et que compensation faite, la

---

réellement les Anglais, pour 137 millions de rente, auraient 45,666,666 d'amortissement, parce que généralement ils empruntent dans leur fonds dits trois pour cent, bien entendu qu'en payant une plus faible rente, ils donnent une plus forte inscription aux prêteurs (c'est le capital qui est inscrit chez eux, au lieu que c'est la rente chez nous.) Ils constituent volontiers 166 2/3 en trois pour cent, au lieu de 100 en cinq pour cent, pour la même somme de deniers. Or, c'est un désavantage considérable dans l'amortissement; car non seulement un pour cent sur le capital fictif exige plus d'argent, mais ce sacrifice continue plus long-temps. Un fonds, qui est la centième partie d'une dette, l'amortit en trente-sept ans en cinq pour cent; et en quarante-sept ans en trois pour cent.

libération définitive n'en soit pas avancée. Mais le rachat immédiat a d'autres effets salutaires. Les rentes émises se *classent* en mains diverses. Une petite partie *s'immobilise* en quelque façon : d'autres sont acquises comme placement plus ou moins fixe, par des capitalistes dont la première considération est le haut intérêt, et la seconde, la variation éventuelle de la valeur vénale du capital, mais le reste tombe entre les mains des spéculateurs, pour lesquels, au contraire, l'essentiel est cette faculté d'augmentation de valeur dans le capital. Le denier de l'intérêt est pour eux un motif très-secondaire, parce que leur but n'est pas d'y laisser longtemps leur argent employé. Or, cette troisième portion qui circule sans cesse, n'est pas tellement considérable, que le rachat journalier de notre caisse d'amortissement ne puisse en absorber l'excès et contrebalancer la tendance à la baisse. Son influence soutient le cours ; et par là elle est avantageuse à l'Etat, et aux propriétaires d'inscriptions des autres classes. Bien qu'ils n'aient pas envie d'aliéner, il est utile qu'ils soient rassurés contre la crainte de voir baisser entre leurs mains la valeur appréciable du capital. C'est un obstacle à détruire pour rendre la dette populaire comme elle l'est chez les Anglais, pour accoutumer la foule des particuliers à déposer dans notre grand livre leurs économies, plutôt que de les perdre ou de les garder oisives.

L'amortissement contribue à cet avantage au physique et au moral. On risquerait de le perdre en disposant hors de la Bourse, des fonds qui y sont destinés, en les employant en masse. Ce serait au surplus déroger à une promesse, à une sorte de droit acquis aux rentiers actuels. Le rachat journalier doit continuer sans interruption. On aurait pu s'en remettre à l'intelligence des chefs de cette administration, pour choisir, le moment d'acheter, de paraître ou de ne pas se montrer à la Bourse. Mais peut-être a-t-on mieux fait, de ne donner à la caisse qu'une action réglée, toujours égale et impassible. On eut compromis la responsabilité, l'impartialité des administrateurs. Il n'est pas de la dignité d'une institution publique de prendre parti dans les combats des *taureaux* et des *ours* (pour emprunter le langage de la Bourse de Londres, qui nomme ainsi les joueurs à la baisse et à la hausse.) C'est bien assez que la nécessité d'emprunter donne un nouvel aliment à l'agiotage.

Non qu'il faille flétrir de ce nom les spéculations des capitalistes habiles, en qui, lorsqu'ils confient leurs deniers, le droit de débattre leurs avantages avec le trésor, n'ôte point celui de tirer parti des rentes qu'ils ont acquises : non qu'il faille écouter ces basses et envieuses insinuations, qui affectent de reprocher aux banquiers les services qu'ils rendent, parce qu'ils ne sont pas gratuits, comme s'il pouvait y en avoir de tels quand il s'agit d'argent, de placement et de revenu, comme s'ils devaient donner leurs fonds pour rien, plus que les fonctionnaires de l'Etat leur temps, et que chacun ne vécût pas de sa profession.

Mais sans être injuste envers les hommes, il faut reconnaître que l'extension de la masse et du commerce des fonds publics a de graves inconvéniens. Ils ne se bornent pas aux vices moraux de l'agiotage; il est évident que quand le trésor s'épuise à emprunter à neuf pour cent, et que ce haut intérêt jette les fonds des capitalistes dans ce genre de placement, il reste bien moins d'argent à prêter à l'agriculture, aux manufactures, à la navigation, au commerce, et bien peu de disposition à se contenter des intérêts que l'industrie peut supporter. Il n'y a nulle possibilité d'en faire baisser le prix général. De plus, l'attrait des révolutions journalières dans la valeur vénale du capital lui-même, détourne de toute entreprise, de tout travail utile. On abandonne les branches les plus intéressantes de la production nationale. Le haut commerce n'a plus qu'une spéculation favorite, laquelle après tout n'est qu'un pari stérile en lui-même. Comme il n'y a point de négoce plus rapide, il n'y en a point où, pour le soutenir, on soit plus disposé à emprunter à gros intérêts. Ainsi sa réussite cause le renchérissement des capitaux et la difficulté d'en procurer aux établissemens ordinaires; ses revers amènent des crises épouvantables, dont les branches de commerce les plus éloignées sentent le contre-coup. Il faut donc le dire, en finissant comme en commençant; ce n'est pas par système qu'il est bon, qu'il est permis d'emprunter, Il y a une étroite obligation de ne le faire que le moins souvent qu'on peut, par absolue nécessité, *à concurrence du besoin le plus indispensable et dans l'impossibilité avérée d'y pourvoir autrement*. L'accumulation des emprunts nous seroit fatale, non pas parce que nous ne ressemblons point à l'Angleterre, mais parce qu'elle nous entraînerait forcément à lui ressembler (1).

Cependant, tirant de notre position le parti qu'a

---

(1) M. Ganilh paraît croire que l'Angleterre emprunte pour ne pas imposer. Elle n'emprunte jamais sans imposer pour la rente et pour l'amortissement; et au bout d'un certain nombre d'années, la réunion de tant de droits spécialement créés pour ce service, équivaut à la levée d'un capital entier. De plus a-t-on oublié que sous le nom de *taxes de guerre* on avoit fini par imposer non plus pour des intérêts, mais pour une grande partie du capital de la dépense? surcharge si peu volontaire, qu'il avait fallu accoupler cette ressource avec les emprunts, toujours indispensables, mais devenus aussi insuffisans que les revenus ordinaires. L'estimable orateur veut aussi qu'on se débarrasse des impôts qui nuisent à la production, pour recourir à ceux qui n'atteignent que la consommation. S'il connaît de ceux-là et qu'il puisse les indiquer, il changera bien les idées de ceux qui professent ou étudient l'économie politique. Et les hommes qui ont cru qu'il n'y a que la terre qui produise, et ceux qui tiennent que l'ouvrier de dentelle ajoute quelque chose à la valeur d'une plante de lin, reconnaissent qu'on ne produit guères que pour consommer,

permis la circonstance, le ministre nous montre formé et établi un crédit qui n'existait pas : le concours, même impatient, des capitalistes; une confiance générale qui manifeste plus de ressources qu'on n'a fait en France. Il fait voir pour fruit de ces avantages, 2 millions 300 mille fr. de rentes économisées jusqu'au dernier moment sur les crédits ouverts ; pour le surplus, un résulsat que l'opinion de l'Europe a regardé comme habilement obtenu, qui a rendu non seulement la somme estimée au budjet, mais un *Boni* satisfaisant ; des intérêts très-onéreux sans doute, qu'il ne faut pourtant pas considérer dans leur taux

---

d'où il résulte que ce qui pèse sur la consommation affecte la production et réciproquement. Ils pensaient que malheureusement l'énormité des dépenses fait cumuler les impôts de tout genre, que lorsque l'on a le choix, il faut consulter l'économie dans les perceptions, les usages qui font plus ou moins répugner à telle ou telle de leurs formes, l'avantage d'exiger l'*avance* de la contribution de tel des agens qui se passent de main en main les produits de l'industrie plutôt que d'en charger tel autre ; mais que par la nature des choses, l'impôt est comme l'étincelle électrique qui frappe tous ceux qui font la chaîne.

Il s'est établi entre nos écrivains financiers une correspondance d'*errata ;* sans vouloir m'y mêler, je suis obligé d'exposer des doutes sur un fait. M Ganilh avance qu'en Angleterre, on craint de donner de gros intérêts aux prêteurs, parce que la presque totalité des emprunts s'y consomment entre Anglais, et que les étrangers n'ont jamais possédé que 8 à 900 liv. de leurs rentes. Le

moyen, mais dans leur progression décroissante de dix pour cent à la première opération, de 9 et 9 vingtièmes à la seconde ; de 8 et 9 vingtièmes à la troisième, continuée, dit-on, au dessous de huit pour cent, et présentent pour les emprunts futurs, une base de deux pour cent d'intérêt plus favorable que l'an passé. Le cours haussant à mesure que de nouvelles recettes sont émises et démentent ainsi des prédictions sinistres et même une probabilité naturelle sur laquelle l'exactitude et un bon ménagement l'ont seuls emporté ; au milieu de nos embarras, il semble qu'on ne puisse demander davantage.

Moniteur, qui le dit ainsi, se trompe sans doute de plusieurs zéros. Mais voici une autorité qui semble modifier le fonds de l'assertion ; elle est tirée de la note troisième des Recherches sur la Dette nationale d'Angleterre d'Hamilton, deuxième édition 1814.

» Suivant les réclamations présentées en 1806 pour » les exemptions de la taxe sur les revenus anglais, il paraît que la portion des étrangers dans les fonds publics était de 18,598,666 livres sterlings de capital, outre » 17,147 liv. d'annuités à temps. On n'y comprend pas » les actions de la banque... Le tout peut être estimé à 22 » millions environ. C'est le *vingt-cinquième* de la dette qui » étoit alors inscrite. On estimait en 1762, que les étrangers étaient propriétaires de 22 millions dans les fonds » anglais, faisant à peu près *un septième* de la dette fondée « de ce temps-là ».

www.ingramcontent.com/pod-product-compliance
Ingram Content Group UK Ltd.
Pitfield, Milton Keynes, MK11 3LW, UK
UKHW020536180726
13839UKWH00006B/2542